カツミカ

고양이미카

Park809

カツミカ

고양이미카

초판 1쇄 발행 2023년 12월 25일

지은이 카츠미카
펴낸이 장길수
펴낸곳 지식과감성#
출판등록 제2012-000081호

교정 이주연
디자인 오정은
편집 오정은
검수 김서아, 정윤솔
마케팅 김윤길, 정은혜

주소 서울시 금천구 벚꽃로298 대륭포스트타워6차 1212호
전화 070-4651-3730~4
팩스 070-4325-7006
이메일 ksbookup@naver.com
홈페이지 www.knsbookup.com

ISBN 979-11-392-1540-3(03810)
값 10,800원

지식과감성#
홈페이지 바로가기

カツミカ

고양이미카

지식과감성#

차례

• 짧은밤 •

젠장온다사랑

눈물이많아지는걸느껴
쓸데없이쿵쾅대는가슴
손이떨려다리가후덜덜
우리사이를흐르는공기
솜털까지일으켜세웠어

손끝가득피를보내줄까

마음속까지돌고돌아서

혀끝까지물들인배고픔

포도주를마시며웃었지
입안가득머문성자의피
죽을줄모르고마셨던가
가질수없는걸가진욕심

성막을찢은자여오서소

Catsmika

2021년 12월 12일 11시

빌리홀리데이

넌너의일을시작해야겠어사랑
세상사람들은말야그런게있지
사랑하지못하면병들어버리는
누군가는그들을위해일을해야
이망할놈의지구가버텨진다구

어둠은빛나고침묵은포효하지
그래도이여행을끝내지말아줘
소리없이날아가널이용한놈들
머리통을박살내고기쁘게웃어
태양은여전히빛나고아름다워

아이를원해금성의아이를원해
아이를원해화성의아이를원해

빌어먹을지구의아이는누구야

사랑은끝까지널먹어야행복해

Catsmika

2021년 12월 15일 16시

작가가되라하는데

이젠표현하는것도어려워졌어
이래라저래라간섭도많아지고
머릿속을헤집어정리하라는데
난도대체무슨소린지알수없어

누가내머릿속을정리하라했지
누가내머릿속을다꺼내라했지
누가내머릿속을다채우라했지

태양은지구를도는게맞는데넌

@~~~~~~~~~~~~~~~~

수 리 수 리 마 하 수 리 옴 마 니 반 메 옴

~~~~~~~~~~~~~~~~~!

지구는잘돌고나도아주잘돌아

Catsmika

2021년 12월 18일 20시
~~~~~~~~~~~~~~~~~

연애고자상선대감

처음봤을때갖고싶었다했잖아
마음이널먹어버려서그런거야

이야기를많이해줘서고마웠지
눈물은그냥모른척숨어버렸네

너의다리를지나한정거장을더
속임수는여기까지라생각했다

담배를필까커피를마실까물어
커피를마시기엔내입이쓰잖아
대신널잘근잘근씹어주고싶네

마음이날먹어버리라고백했다

눈물은이제숨지않아소리를내

고백하고들키지말았어야했어

어려운건널다시만날까기대해

Catsmika

2021년 12월 25일 18시

널믿을까겁난다

사랑해서.

Catsmika

2021년 12월 29일 23시

모두다이루소서

두손을포개고눈을감는다며

기도라는걸하는걸까신기해
누군가를위하든나를위하든
소원을들어준다는하나님께
심장을쪼개내어주는너를봐

나 는 무 너 져 나 는 네 게 무 너 져

어쩜그럴수있지놀라운일들

평생을넘어다음생까지너를
지켜주리라맹세한나를만나

Catsmika

2021년 12월 30일 17시

믿다

너를믿듯
나를믿었다면

나는지금
이렇진않겠지

두려워서
못본얼굴이라

어색하고
밉겠지만나를

힘들었던
날바라본얼굴

믿어주는
친구처럼봐라

바 다 를 보 듯 숨 을 내 쉬 며
어깨를기대어잠시쉬렴

Catsmika

2022년 01월 01일 10시

With

함께가자나랑둘이웃으면서
소매끝에달린슬픔을떨치고
밝게빛날서로의길을따라서
소리내웃어보자아주힘차게

사랑아사람아널안아주겠어
수줍게보일듯말듯한얼굴로
날기쁘게가슴뭉클하게웃어
하늘가득손벌리고널봐라봐

너는나의마음가득하늘이다

Catsmika

2022년 01월 03일 15시

같은걸까같은거야

어느날아무말도없이사라진사랑

숨도못쉴정도로넌괴로웠다는데

같은날같은얼굴같은하늘에갇혀

숨도쉬지않고널찾는난알것같다
너와같았다면나는죽어있었겠지

숨도쉬지않고도망다녔을테니까

무서운일이다진실을알아버렸어

Catsmika

2022년 01월 07일 20시

월식남

남자
♀

영원한밤이계속되요

당신에게걷는속도가
달을쫒는것과같아요
늑대무리에서날봤나
하루종일울어주네요
심장이마음을때려야
당신에게갈수있지만
하늘이달보다어두워

갈곳도잃어버렸어요

머리가죽어버린남자

Catsmika

2022년 01월 08일 14시

일식녀

여자
↑

영원한낮이계속되요

당신에게걷는속도가
해를쫒는것과같아요
참새무리에서날봤나
하루종일재잘되네요
마음이심장을깨워야
당신에게갈수있지만
밤보다무서운햇살이

모든길을지워버렸어

심장이죽어버린여자

Catsmika

2022년 01월 09일 15시

내안을나와서갑니다

그날은나에게올까요누구십니까
대답하지않아서궁금하지만오늘
참아내는것으로버텨봅니다희망

달빛이환하게다리를비추는봄날
익숙하게걸었던벚꽃길을따라서
당신에게다가갑니다설레인걸음

다행스럽게도아직까지는그래도

참아줄용기가남아있었나봅니다

달리고달려서잡아본눈길에그만

그동안적어놓았던모든걸잊어도

힘차게요동치는심장은다압니다

Catsmika

2022년 01월 23일 23시

미리

당신은누구십니까물어요

알았다면만나지않았을까
말했었다면그만뒀을까요

대답할수없다는걸알지만

참을수없었단걸알잖아요

모든게다질문인게무섭죠

Catsmika

2022년 01월 24일 20시

최정기

그냥은가지마라이렇게는

널위해웃어줄사람을두고

미안하다는말도미안하게

제발혼자는가지마라제발

천사의나팔소리는귀막고

개소리나불대는이곳으로

발길을돌리고힘차게와라

보고싶다고남긴문자처럼

Catsmika

2022년 01월 25일 22시

사랑

이제사랑을할수있을것같아요

난밝게웃어줄수있을것같은데

넌수줍은듯고백할것같은오후

웃음꽃이얼굴하나가득피어나

널안아주어야할것같은아침엔

이름을알려줘서고마워나에게

마음가득널안고사는게행복해

언제부터인지모르겠지만나는

웃음이모자라눈물로채워지던

(밑줄부터읽어줘)

Catsmika

2022년 01월 28일 15시

나는이쁜여자랍니다

당신은나를잘알아야할거예요
당신은제가어디서온줄알아요
저의고향은하바로프스크인데

당신이상상했던것보다아주먼
천만번은걸어야할거예요평생
거기가얼마나먼곳인지알아요

많은이야기를해주셔야할거라
시간을아끼지말고제게주세요
당신을알고싶은거니참아줘요

춥다말하지마세요외롭다면서
바람이매운고향집에서기다릴
나의어머니보다외롭지않다면

러시아의크리스티나은빈인데
당신의나라는어떠한지몰라서
우리둘서로잘알아야할거예요

Catsmika

2022년 02월 01일 21시

덕선정환택이

마음에널품은것과
가슴에널품은것이
뭔가다른것이라면

난무얼택할것일지

하루종일널그려서
찾고싶은게궁금해

Catsmika

2022년 02월 01일 23시

나의구세주

나의아이가되기전에너는
빛나는면류관을가진주님

감히소리칠수없음에도난
아이라는약함으로도망쳐

나의아이에게나는어떨까

내가저지른죄의사함을봐

Catsmika

2022년 02월 12일 09시

숙모와조카

눈이소나기처럼오던날

널기억하느냐고물었어
어느날인지모르지만난
내게또각또각걸어오던
하얀코트의너를기억해
코찔찔하게수줍었던날
환하게웃어주며바라본
하늘이부서져내게왔던

언제나그날은소나기가
함박눈처럼내게오는날

너의그날은환한웃음꽃

(18살의백금숙님에게보내는)

Catsmika

2022년 02월 20일 19시

응원

……

나는항상두렵지않다말을하시게

……

Catsmika

2022년 02월 21일 23시

알았어야했다

네가내게했던말중에난

지금까지잊을수없는건

아이를가지고싶다던날

마음안에넣어둔시간을

꺼내어주는거라는고백

Catsmika

2022년 02월 22일 20시

이별할때

당신은날처음봤을때처럼정말어색했나

안녕이라는말도참더럽게못하더라진짜

Catsmika

2022년 02월 23일 10시

돌아오는건어때

가지말고뒤돌아내게와줄래

어떤지말해줄게너의의미가

시간을멈추어가질수있다면

어제가아닌너에게고백할께

달려와어서달려와처음으로

부끄러워할이유는버리고와

네가가진사랑할이유는많아

달라지는건순간이야어서와

눈물보다진심인건알았잖아

어서부끄러움은버리고어서

Catsmika

2022년 02월 26일 23시

어제의나와오늘의너는행복해

나야넌누군지말해줄래
어디에있다왔는지오늘

누굴생각하는지보여줘
어려서생각한사내아이
그사람이네게다가온걸
멈추어돌아가지말아라

가끔이라널기억못해서
잠깐머뭇거린다그래서
모두잃은건아니니말야

어디에왔다갔는지어제
넌내게어떤지물어줄래

나를본적있는지생각해
첫눈에반해버린소녀를
네게서멀어진그사람을

달려서다가오니받아줘

널기억하느라매일같이
하루종일그린다그래서
모두가진건아니니말야

Catsmika

2022년 03월 02일 21시

어쨌든오늘은널만날까

널기억하는오늘은
바람이널향했으니

언제까지일까묻고

너에게가지만웃어
그곳은언제나밝아

항상물어봐도몰라

바람이가는곳이라

지겹다짜증내지마

널바라보는마음속

조심스레돌아오길

Catsmika

2022년 03월 02일 21시

꿈을꾸다VR로가는구나

가려했나요어딘지도모른채

인사는뒤로미루고나를피해

슬픔보단미움을선택했으니

마음이생각보다아플거예요

걸어서가세요너무멀지않게

천천히가세요원망은버리고

가시는길봄날벚꽃피었던데

슬픔은모두온전히제게주고

강변도로자전거타듯가세요

제가왠지마음이들떠오네요

혹시길을잘못들어오실거면
뒤로돌아보이지않게오세요

Catsmika

2022년 03월 05일 18시

Peut-être

저를위해와주실래요

동쪽바다서쪽끝까지
해까뜬곳에서시작해
해가저무는곳이지만
마음을주고오실래요

진짜일수도있는하루
저를위해와주실래요

감춰둔마음을꺼내서
장미꽃잎으로오세요

와주실수없다고해도
실망하지않을거예요

절바라보던눈빛가득

반딧불이처럼오세요

반짝이는날별빛처럼
진심을다해부를테니

Catsmika

2022년 03월 06일 10시

부서진건햇살이고나는아직

아침새소리에눈을떴을때나는너를
사랑할준비가되었다고믿고있었다

햇살이나의눈을더이상감지못하게
부서지도록창문을두드렸는데너는
지난밤무섭도록조용한달을생각해

잡아놓은새는날아가고새장은없어

너는나를잃어가는데나는시작이고

이별을만나기위해노력하진않지만
도망가는너를따라갈수없는하루가
너무빠르다는것만느껴나의시간은

아름다우면느껴질까지금나의마음
커피는식었고너와의향기만남았지

달빛에차가워진너의마음을보았어

햇살부서지는아침너에게로간나는

Catsmika

2022년 03월 11일 23시

조금오래걸어간길

아주그렇게긴거리를걸었어
널만난다는이야기는없지만
그래도나는항상기다리는걸
처음으로널만나게되면나는
어깨를들썩이며안아줄거라
무척이나기대하게되는건데
넌그런가슴조차없을거라네

시간을놓지마마음을잡아봐

그만와그만하고와이제는와

고맙다고마웠다마음과함께

Catsmika

2022년 03월 13일 18시

정희는항상혼자술을팔아

당 신 을 떠 나 보 내 고 내 가 왜
그 많 은 사 람 을 사 랑 했 는 지
당 신 은 알 아 야 해 요 지 금 도
열 녀 문 타 령 하 시 지 만 저 는
그 깟 문 짝 뭐 하 는 데 쓸 까 요
상 을 주 려 거 든 너 님 을 줘 요
없 는 번 호 라 는 상 심 은 말 고
사 랑 이 라 잊 지 는 않 으 셨 죠

Catsmika

2022년 03월 16일 17시

너는없지만나는너를향해가

바람은하루종일달려도괜찮을까

파도가보이지않아도바다를들어

지랄맞게웃어줬던너는이제없다

아무도걱정해주지않는마음같아

그래도본능처럼너를생각해지금

하루가가고있어해가넘어가는걸

미시령에걸린노을을본적이있어

나의시간이너의얼굴처럼흩어져

달이뜰거야생각지도못한얼굴로

바람은지치지도않게너를향해가

Catsmika

2022년 03월 16일 21시

카츠미카

어쩌지나는너의고양이를키워줄수없어

마음이아파너는나에게아무것도아닌데
너무아프다생일케익도없는너의하루가

아무의미없이지나가는널지켜보는건데
나는너무마음이아프다너의눈물을본밤

모든게달라졌어파도가날덮치던어젯밤
미시파령의노을처럼너는사라지고있다

행복하다말해줬던어제처럼살아주기를

(ยูนา)

Catsmika

2022년 03월 19일 11시

너는아닌데/사랑은하고싶다

너에게선봄이아닌데꽃냄새가난다
내가기억하는그사랑은아닌데너는

봄바람에날아가버릴것같은얼굴을
그려본다봄이아닌데꽃냄새가나는

Catsmika

2022년 03월 19일 18시

아들녀석

나정말외로운가봐하루종일글을써
널생각하는것도아닌데두려운가봐
바람만불어도눈물이나외로운거지
너에게달려가는꿈만꾸는게힘들다
하루종일도모자라나에게는너란놈

Catsmika

2022년 03월 21일 16시

바쁜거야심장아

너의얼굴을만났어너무아름다워
입맞춤을하고싶지만참아야하지
손도댈수가없어들키고말거야난
너의심장이나의하루를빛나게해
너는나를아름답게만들어힘들다
숨을쉴수록나에게들어와어떻게

Catsmika

2022년 03월 25일 17시

가을비에흩날리는벚꽃

가을하늘이좋아봄바람이분다

하나는널그리워하는추억이고
하나는날추스르게한사랑인데

넌어떤게마음에드는지몰라서

너의마음은성스럽고아름다워
구름가득눈물을가두고돌아서
흩날리게만든벚꽃만큼굉장해

누가알겠어누가널알아내겠어

봄바람에날아간가을하늘인걸

가을저녁단비에벚꽃이지는데

Catsmika

2022년 03월 30일 22시

단골술집정희가알려줬어

나의마음이물었어

하루를널잊고지내
평안해졌냐고말야
눈물이대신대답해
넌어떻게견디냐고

웃어줬지아름답게
널잊은게아니라서
아프지않는거라고

마음이그랬어내게
그래도일년에한번
너의생일은온다고

편안함에이르렀나

일구팔오공사공팔

Catsmika

2022년 04월 08일 00시

하염없다

어디야어디에있는거야
별이보고싶다는핑계로
오늘도널찾아돌아다녀
핸드폰가득노래를담아
네게불러줄사랑을찾지
바람을흘려줘거리가득
마음가득사랑을품을게

Catsmika

2022년 04월 11일 21시

누가너에게사랑한다말하면

누가너에게사랑한다말하면

다가가는만큼실망하더라도
심장이쿵쾅대는만큼웃어줘

바다를보거든소리내울만큼
자신에게진실하다고백해줘

하늘을듣거든환하게웃으며
나도그렇다당당하게안아줘

네가누군갈사랑한다말할땐

Catsmika

2022년 04월 15일 12시

대답할게그만

나는너의비가되고싶다말해

눈물은감춰줄테니무너져라

조용하게웃으며바라볼건데

누가너에게사랑한다말하면

나는너의비가되고싶다말해

Catsmika

2022년 04월 18일 17시

나의꿈은나의아들과함께달을보며 밤새술을마시는거다

"엄마나도그래요"

Catsmika

2022년 04월 19일 18시

사랑아

날안아줄거라속삭였지거짓말
머리를헤집고모든걸가져갔어
마음은지키게한다약속해놓고
어째서지키지않은거야나쁜놈

여기까지만이다선을그었지만
내가버린약속을가지고협박해
마음이편해졌나그런게좋겠지
다신잡을수없게만드냐좋은년

거지같다생각했던사랑놀음을
마냥좋은것처럼받아들였는데
넌참모질게도우릴찢어버렸어
속참편하겠다너도울어버려라

Catsmika

2022년 04월 22일 22시

등대가외로운거같지

그리움이지쳤다고외롭단다

내가진작에안아줬어야했어
눈물은신났다떠들어대는데
주책없는노인네마냥창피해
솔직하게바라보는건어려워
거짓말처럼진실하게들어야
누가뭐라해도흔들리지않지
언제부터인지모르게속아서

외로움이그립다고지쳤단다

Catsmika

2022년 04월 25일 18시

나는

오늘그만나는터져버렸어
십년전그때의노래를듣고

버텨서잊었다고느꼈는데
난정말바보였나봐멍충이

멈출수없어서그냥나대로
하염없이너의이름을불러

시간이널보내주지않아서
마음이나를먹어먹먹해도

너를생각하는시간만큼은
잡아둘수있었으면좋겠다

언제든터져도괜찮으니까

Catsmika

2022년 04월 26일 19시

미시령

바라본길위에네가없어허전해

어떻게널찾을수없는걸이제는

그냥나는그냥이렇게너를그냥

어디서기다려야하는지몰라서

묻고또묻고울고또울고기다려

내손이날붙들어놓아주질않아

고개를들고네가넘어간고개를

하루가모자라도록바라보지만

하루중가장아름다운해만만나

Catsmika

2022년 04월 27일 21시

어린이날

어린이날이라선물준다길래

고사리손가득무얼주나보니

별사탕가득한은하수를주네
하늘가득눈물만보여줬는데

나의엄마야아들이잘못했다

Catsmika

2022년 05월 05일 22시

생각해스무살의널

하나도변한것없어매일매일이

네가떠났다는사실은변함없지

네가날부서뜨리지않게할거야

나는날지키려고노력할거니까

너는절대날부러뜨릴수없을걸

네가가진나에대한믿음무조건

-

지금은내가널지켜줄때라믿어

엄마

Catsmika

2022년 05월 06일 21시

미세령가득잃었어

고개를들어하늘은거기있지

콧노래흥얼거려얼굴을꺼내

코끝가득설레게나를흘리면

먼산가득비가오는게느껴져

갈수있을까나는볼수있을까

잊을수없을텐데큰일난거야

바람은날태우고하루를보내

엄마

Catsmika

2022년 05월 10일 16시

속초하늘봤어

네가들어온이곳에서

물방울이스며든듯한

내눈동자는무거워져

하늘은나의머리위로

마음이가벼워질수록

구름은잘흘러가는중

바람은바다를만나서

나를부르듯노래하고

언제볼수있을지물어

손수건에담은인사는

떨리는이야기를하고

Catsmika

2022년 05월 17일 22시

늦게만났더니일찍가네

너 만 생 각 해 너 만 바 라 봐 너 만
나 따 위 는 개 나 줘 버 리 고 너 만

눈에서만흘리는눈물이라면
아무도널사랑해주지않을걸
믿음이없는진실은사탕만큼
달콤할진몰라도맛은없겠지
세상눈물이모두슬프지않듯

너 만 안 아 줘 너 만 걱 정 해 너 만
죽 써 서 개 나 줘 버 리 는 나 말 고

Catsmika

2022년 05월 19일 12시

합의

당신은오늘나를떠나서행복하고

나는어제의당신을보내지않아서

행복한거고그럼된거지그런거지

Catsmika

2022년 05월 19일 12시

세상두려운상황을만나

어쩌지나도모르게나를밀었어

술에취했었는지내가그런건지

멍청해서당한건지바보였는지

누가밀었는지모르는게문제야

모두기억나는데나만모른단다

세상사는게너무두려운거같아

난네가밀어버린걸말할수없어

(시내씨고마워)

Catsmika

2022년 05월 23일 23시

내안의머리마음가슴

네가떠난다고했을때나는

사랑이없는거라생각했어
마음이그런거라믿었었지
머리가말해줬어토닥이며
이제더이상남지않은거라
보내주어야한다속삭였어

마음은진심으로널봤는데

친절한토닥임에속은거야

가슴이무너져지금에와서

마음은진심을고백했었고
머리는아니라고토닥였지
가슴은이제날불쌍하게봐

네가떠나고난뒤나를만나

미안해잘못했어널보낸걸

Catsmika

2022년 05월 25일 17시

혼자남았다

이렇게몇일아픈것도힘든데
넌어떻게십년을아팠던거야
머리가아팠다가배가아프고
다리가쑤시다등이쿡쿡대고
나는못살겠던데너는어떻게
그긴시간을아무말안한거야
한번더안고한번더잡아줄걸
그긴시간을혼자있었던거야
아무리울어도풀리지않잖아
이렇게미안하게하면어떡해

Catsmika

2022년 06월 09일 17시

Invu

하늘은하루를건드려날위해
파랗게가만히드러누워너는
날려보자달려보자어두워진
어딜가든파르르떨려오는건
이해할수록울부짖는어린놈
자야할거야죽기싫다는투정
어른어른거림은모든게좋지
말보다보는게빠른세상인데
너나나나뭐가좋다낄낄대냐
배운것만큼오래살것같아서
얼굴만멀쩡한아름다운놈아
팔을열심히흔들어잘살아라

Catsmika

2022년 06월 14일 19시

Nokay

나눠가진게적다불평
세상을다준다그랬나
어디까지가세상인지
머릿속에그려는봤니

넌나를자꾸조각내냐

뭘그런걸다주고그래
지친듯남몰래숨어서
부끄러운걸주던버릇
아직못버렸나봐너는

나를이렇게힘들게해

두눈가득힘주는허세
주머니털어나온카드
선물몇개로날살거라
싸구려입맞춤을줄게

두눈가득간직해둬라

Catsmika

2022년 06월 22일 16시

철가면아내

십년을돌아어렵게찾은그사람을

얼굴가득두손안에넣어본거였어

내가생각했던것보다아름답잖아

여태모두난아무것도몰랐던거야
네가이리아름다운걸감춰둔거라

십년이나어찌하여몰랐는지놀라
아님네가변한거야내가변한거야

아이처럼웃어줄테니항복하시지

날용서해달란말보다아름답잖아

Catsmika

2022년 06월 28일 17시

나쁜놈착한년

악수하자해놓고
끌어안는넌뭐냐
할이야기감춰둔
눈웃음뒤엔뭔데
찔러본다보조개
눈물은뜬금없다

소주로건배할래
오늘따라짧았어
소주두병에광어
미친것처럼웃어
심쿵거리는눈물
소중한거처음봐

안아준다해놓고
입맞춤뭐한거야
살랑거리는손짓
한번이라는약속
눈빛속에잠겨봐
허리춤에담긴손

Catsmika

2022년 07월 07일 16시

협의이혼

결국엔너를위한거야
나를위한다해놓고선

마음을닫아버린이유

우린서로알수있을까

지나친뒤얼마면올까

모를거란마음속외침
돌아숨어애태울거야

눈물은뚝뚝나를불러

Catsmika

2022년 07월 11일 17시

우영우김밥같이먹자

아무말도없다해서
사랑하지않는다는

무슨말이필요할까
머릿속종치는상황

꺼내놓을말이없어
아무것도생각안나

너를향한울림이커

김밥속단무지만큼
얼마나중요한건데

누군가의말처럼난
아무말하지않는게
아니라기다린거야

내안의말이말하길

Catsmika

2022년 07월 19일 18시

Summer bomb luv

걸어가요나랑같이
한곳을바라보는한
당신과나는같은걸
하늘이가까워졌다
멀어져슬퍼졌다면
잠깐동안만숨어요
서로의마음속에서
토닥토닥안아줘요
웃어요행복해지게
마음이둥둥뜨도록
발을동동거려봐요
무얼바라는지알까
물어보지마요이젠
시간이알아서주니
여름이가기전지금

(산군님과장군)

Catsmika

2022년 08월 19일 00시

무심히

괜찮아어차피지나갈거야
울고싶음울어도된다지금
찢어져피가나서아프겠지
절대로아는척하지말아라
그랬다가는널먹어버릴걸
처음이라그런거라생각해
어설픈충고따위론네가져
무심히아무일없던것처럼

Catsmika

2022년 08월 30일 21시

헤어짐

난이것이세상에서제일나쁜것같더라

Catsmika

2022년 08월 30일 21시

나는하늘을만난거야

너를사랑하는일에있어나는간을보고있었다

아침에눈을떠생각나는사람이너라는사실에

진심이무서워애써외면하는얼굴이나라는걸

잘못했다는사과도용기가없어도망가는나를

너는용감하게사랑했다는진실을이제서야본

Catsmika

2022년 10월 04일 20시

다시만난날

소리내지못하고바라본
너는분명들었을거야날
애써표현하지못한물음
대답은이미들었다는걸
놓은손을다시잡아주라
가을하늘보단봄햇살이
어울려너에게간나인데
한번의어리석은이별로
끝내버리긴바보같잖아

Catsmika

2022년 10월 17일 09시

붉은달

마음이나를슬프게했어
푸른하늘과바람이만나
눈물짓게만들어놓고는
가벼운깃털처럼떠났어
달이기울어야올거라는

Catsmika

2022년 10월 21일 18시

하루선물주는거야

가지고싶다했던하루
뭐든할수있을거라며
네눈앞에펼쳐진바다
그에게선물해줄하늘
행복하다며웃어줄래
네가가진하루를봐봐
아름답잖아찬란한걸
언제까지있을것같아
너에겐공짜같지오늘
그가너에게남긴생명

사랑했던것만큼살아

사는동안실컷웃어라

Catsmika

2022년 11월 04일 13시

아__그런거였구나

나하고놀지않은이유가
내가잘못해서가아니라
그냥나를싫어한다는거

Catsmika

2022년 11월 07일 02시

이제온다고

하루종일물었던때가있었죠
물론어려운질문은아니지만
간단한물음도대답하지않던

마침내그거짓말을완성했죠
조용소리지르지마세요여긴
당신을처음맛난것으로만든

달라지는건늘어가는건망증
달처럼빛나야변신할수있죠
보고싶다는건잊기위한건데

Catsmika

2022년 11월 23일 15시

사랑하는것과사랑하는건

무리하지마세요다칠까봐두려워요

천천히찬찬히다가오는지봐야해요

무서운것도모르면서울고있을당신

달려가야겠어요다치기전에잡아둘

무엇보다천천히찬찬히보러갈게요

사랑하는것과사랑하는건다르니까

사랑해줄수있을때사랑해줄수있는

거울한가득아름다운얼굴로웃어요

Catsmika

2022년 11월 26일 14시

손만잡고자는사이

어딜쳐다봐여길봐야지
네코끝에매달리려먹은
복숭아냄새가싫은거야

이럴줄알았다면감자를

궁금한거없어관심이왜
사과를들고오지않은걸
감사해야할텐데모른다

바나나찾는나쁜손이야

무슨소리하는지는들어
알음알음포도까는사이
씨발라줄시간은없겠네

딸기씨나골라놔야겠다

Catsmika

2022년 12월 09일 19시

미시령로운전중

어쨌거나지금은네뜻이아님을알아
바람소리들리는차창넘어내가보여

빠르게달리는가로등만큼멀어지는
어둠은널닮은나쁜아이처럼두려워

웃을수없다고울수있는것도아니야
바람은소리를내면서나를위로해줘

가지않을까생각해본적은있는거야
오지않은걸바라보다찾아갔던거지

가득채운기름만큼갈수있는곳까지
돌아갈때를알려줄필요는없을거야

Catsmika

2022년 12월 28일 16시

안녕그리고안녕

갈거라웃어줄줄알았지만
미소가아름답다며안아줘

매일매일달라지는너와나
하루하루지겨운그날이와

어떤일이생길지아는거야
너에겐벌어지지않는그일

멈춰버렸다는걸인정해야
흥얼거릴노래만큼기쁘지

살짝흘릴눈빛딱그만큼만
행복하다가질수있단생각

안녕그리고안녕이해해줘
바이하고는하이를말하면

Catsmika

2023년 01월 06일 22시

임종

바람이지나가
나를만지고서
한번만나를봐
한번뿐인거야
돌아볼순없지
나도그건알아
하지만돌아봐
어려운건알아
잡고싶은사람
이름한번불러

Catsmika

2023년 02월 09일 21시

어느날그때는

갈걸그랬어나에게
부르지않는널두고
그냥갈걸그랬어야
너에겐미안하지만
슬픈일이라인정해
부서진날들도네겐
소중했다는건알아
알아버린감정에널
무섭고두려웠던때
올걸그랬어나에게
들썩이는어깨넘어
토닥토닥안아줄걸
먼산가득뿌옇던날
이제알것같다나는

Catsmika

2023년 02월 28일 21시

치매걸린사랑

지켜주겠단어려운말
넌참쉽게도하는구나

눈가에어린모습을봐
이겨낼수있을거야널

심장소리들려오는날
네가빠진매력을줘라

너의이름은조아라야

나의이름을알려주라

Catsmika

2023년 03월 03일 13시

사랑에빠진치매

어여쁜아가씨가웃어
첫사랑에빠진날처럼
돌아온지금이행복해

너의이름을잊어버린

하루도빠짐없이싸운
잃어버린세월이슬퍼

푸근한아저씨가웃어
수줍게숨었던날처럼
지켜줄내일이설레어

너의이름은조아라야

하루도모자랄그이름

이젠잃어버리지않아

Catsmika

2023년 03월 13일 17시

지민아

조금있으면나에게올걸

향내를풍기기시작했어

하늘이달라져보이던걸

바람이웃으며말해줬어
너에게라일락이필때쯤
벚꽃이눈처럼날린다네

령넘어해가넘어가는데
너에게주었던기억이와
별빛이바람에흔들리는

령넘어올거지내다버린
행복주머니가득담아서
내게주려령넘어올거지

Catsmika

2023년 03월 16일 23시

어쩌지지금말해야하나

다음이란건없어지금해야해
돌이켜돌아갈수있을거란말
속이기위한달콤한속삭임은
널또기다리게하기위한위안
마음안의너에게대답해줘라
심장이울기전에말해줘진실

가득안고사는버거운거짓말
참말로이기적인놈이라말해
웃는여유가지금한가로울때
눈치보다놓지말고말해어서
쿵쿵거리는음악소리에맞춰
너의불안함을말해버리라고

끝나기전에모두말해주라고
얼마나남았을지모르겠지만

다음이란건없어지금시작해

Catsmika

2023년 03월 30일 17시

시작할까

나의거짓말은
있는힘을다해서
너를위해살겠다는거였나봐
이제부터고백할게
나의이야기를

Catsmika

2023년 04월 05일 20시

일구팔오공/사공팔

어떨까나의이야기가
지루할것같지않을까
너의이야기말고우리
나를추억하기위해서
아픔은이제시작이야
보이지않을테다다짐
돌아서울지않을테고
그렇게나는기억해널
벚꽃이눈처럼내린날
어느해팔오공사공팔

Catsmika

2023년 04월 08일 00시

쫑일쫑이생각나

아 빠 있 잖 아 내 가 말 야

나 의 강 아 지 가 좋 아 요

아 빠 만 큼 쫑 일 좋 아 해

함 께 걸 었 던 길 기 억 나

무 지 개 다 리 넘 어 간 날

손 꼭 붙 잡 고 놓 기 싫 어

칭 얼 거 린 쫑 일 기 억 해

아 빠 있 잖 아 내 가 말 야

얼 마 나 슬 픈 지 알 아 요

Catsmika

2023년 04월 09일 14시

돌싱만들어준너

어쩔거야내가이런데
지켜주겠단약속따윈
가벼이여긴시간인걸
우겨봐야모른척할뿐
너는나를생각하지마
가벼이여긴너를몰라
이젠너에게있어나는
생각하기싫은놈인걸
아무리생각해도몰라

Catsmika

2023년 04월 18일 22시

네가참궁금하네

사랑이하고싶은거야

사랑이하고싶은거야

그냥아무말없이안고
너를느끼고싶은건데

너는뭐하고싶은거야
심장소리듣고싶은게
아니라는걸느꼈다면
나잘못한거야너한테
내게갖고싶은게있어
정말처음부터그랬니
숨소리듣는게아니라

가슴풀어해칠생각만

(어대나동원이놈들아정신좀챙겨라)

Catsmika

2023년 04월 20일 18시

시선강간마시라고요?

가는길이모르는길이라
어느누가갈건지몰라서
너는흐르는대로갈거지
어디갈곳도없는거야넌
마음이원하는대로정해
눈꼬리올라가게웃어준
널바라보는게좋은건데
아름다운건너의잘못됨

Catsmika

2023년 04월 27일 23시

잘들어라

제일마지막에온다는
왜하필마지막인거야
처음이면억울한거니
할말많은시간을두고

언제인지모르게지켜

알콜보다피가뜨거워
웃음이눈물보다흔한
나도알아말하지않고
훔쳐갈까너의이름표

처음부터주면되는걸

덩크슛을넣고싶지만
리바운드로만족해라
하나둘부족한거알아
손가락은두개만쓸게

안아줄수있는방구석

이런표정그런표정은
날안아줄때만보여줘
숨소리고르게만져준
스스륵눈감은어둔밤

마음보다손길이좋아

Catsmika

2023년 05월 06일 21시

어느새어느날와

어서와기다렸어
네가여기와서난
난너무행복한걸
마음이말해줬어
잘했어고마운걸
두려웠던날들봐
언제였는지몰라

Catsmika

2023년 05월 08일 22시

세얼간이

이제부터이야길할건데요
잘들어봐요
예전어느날뉴욕항부둣가
허름한술집에
세놈이앉아
한사람에대한
이야기를했지요

그세놈들은

한놈은같이자고싶어안달난놈
한놈은많이잤다고자랑하고싶은놈
한놈은잔것도아니고안잔것도아닌이상한놈

그중에
누가제일
마음이
아팠을까요

정답은
그년이에요

당신의대답은
씹 쎄 들

Catsmika

2023년 05월 10일 14시

돌싱인데과부처럼

너좋은놈인줄알았는데
못된생각으로날속였어
속았다는아픔보다큰건
네가돌아가던그날나는
널죽이고과부가된거야

아주조금남아있던생각
시간은찢어지울수있어

홍뱅아

어떤게

좋은지

몰라서

두개다

적었다

Catsmika

2023년 05월 11일 23시

돌싱인데과부같아

홍뱅아죽었다며
널두고죽었다며
너과부가된거야
나이사십줄인데
보내긴너무젊다
오지랖넓은건지
말하면실례인듯
그래도해야겠다
너되게신나보여

홍뱅아
어떤게
좋은지
몰라서
두개다
적었다

Catsmika
2023년 05월 11일 23시

가

언제였는지나의기억을잃었어
환하게웃었고아무걱정없던날
너에게보여준모습이없어진걸
알잖아그땐우리둘서로좋았던
멀어진걸알았을땐참슬펐는데
언제였는지나의기억을잃었어
부드럽고부드럽던하루를원해

Catsmika

2023년 05월 13일 01시

순살이가배신했어

내그런줄알았다만넌
내최악의선택이었다
뼈대없는놈아그렇게
인생퍽퍽하게산다냐
무슨살인지알수없게
정체를숨기고선한척
나의입속혀마냥굴어
골라내는게아니었어
발라먹는재미도없게
딱먹기좋게만구는널
한때나마좋아하게한
배민과요기요를지워
우리동네아재치킨은
크기는작아도바삭해
넌모를걸평생씹혀봐
이물렁말캉한종자야

Catsmika

2023년 05월 14일 22시

모르는건비밀

말해줄수없어
어떤일인지난
별로중요한거
아니라서그래
결혼했었는지
남자가있는지
마음은어떤지
알려줄수없어

오버하지말아

말해줄수있니
작은일이라도
숨기지말고넌
무얼먹었는지
어딜갔었는지
어떤생각인지
도망가지말고
견뎌내어야해

남아있으려면

Catsmika

2023년 05월 16일 17시

용서해줄게네게달려가

조용히조금씩움직여
너는나를위해달려와

너는나를위해달려와
약속했던이야길해줘
마주잡은손놓지말고

구름이바람을불러서
천둥만큼아프게해도
너는나를위해달려와

숨소리내지않고안아
아무도모르게내게만
잘해줬다속삭여줄께

세상모든빛이내뒤로
흩날릴멋진어느여름

나는너를위해달려가

너는나를위해달려와

너와나를위해달려라

Catsmika

2023년 05월 18일 14시

일곱번일어났다

오뚜기
나의오뚜기
나의어릴적친구
외로웠던나에게항상
일어서라알려줬던
친구
세월참빠르네
너를잊고살다가이제다시돌아왔다

오뚝아난몰랐어
어려선네가넘어졌다일어나는게
너무신기하고재밌어서
자꾸넘어뜨렸는데
넌힘들었구나
몰랐어미안해
이제나이를먹고
널다시만났을때
넌여전히다시일어나고
넘어지고있더라
맘을다해사과할게
미안해
그리고
이젠바꿔줄게

쭉쭉이로
'----'

울지마
왜울어

혹시
……
혹시

나

아직정신못차린거니

'그래이호랑종자야'

Catsmika

2023년 05월 21일 05시

입을맞추다

그때가마지막인줄알았다면
감았던눈을뜨지말걸그랬어

살짝풍겼던너의향내를맡고
힘껏들어올린발꿈치를봤지

난모든걸잃었어너의슬픔도

그때가마지막인줄알았다면
처음으로돌아가안간다할걸

Catsmika

2023년 05월 28일 19시

친구들과함께탄옴니버스

열아홉이던가처음만났던그아인자길지켜달라고해서지켜줬지
그땐그게날지키는거라고믿었고그아일잃게되리라는걸몰랐어

여름휴가그더웠던밤약속을지금도지켜

스물넷어리지않았던나를남자로만들었던그사람은밤이새도록
얼굴바라보게만들더니가장친한친구였던놈의얼굴도함께봤어

전부외워버린노래와부르지않는노래가

서른하나이젠어른이되었나했는데나는아직준비가안되었던거
누굴만나는지누울자리가너무많아일곱왕좌의주인노릇하느라

몰랐어그땐여자가허락해줘야한다는걸

마흔불혹의나이에은하철도구구구호를탑승하고알았어메텔이
원하는건마르지않는샘을갖고싶어한다는거기계몸을바란거지

가장인간적인선물을버리고사람흉내를

오십이넘었는지몰랐는데자꾸아버님이라불러주는여인네가와
두려운건데무섭진않아내가도망나온길그속에우뚝선잔다르크

넌절대화형당하게내버려두지않을테다

Catsmika

2023년 05월 29일 22시

천둥친다

놀랍지않아널만나서
지금의내꼴을돌려놔
거의하루를잃었어난
아무일도없는너하곤
너무다르잖아억울해
눈물은슬프다말한다
웃음이침묵한거알아
나에게말하지않아서
소리를잊은지오래래
모든걸나에게돌렸어
축복이햇빛만큼내려
감당할수있을까싶네

Catsmika

2023년 06월 12일 21시

다행이야

무얼줄까생각했는데하루종일
어떤것도주지못해억울할까봐
아침부터걱정이널생각나게해
우산없이만난소나기마냥어째
널만날수있을까넌기다려줄까
날떠날수있을까난갈수있을까
오세요찾아주셔서감사합니다
이런인사를주고받을수있단걸
감사한줄도모르고지낸지난날
이제라도너는행복으로살아라

Catsmika

2023년 06월 14일 20시

매일같은날인데

궁금한이야기지만
얼마남은건지알까

이어갈수있을거야
그렇게생각해야지

어제와오늘은달라
내일과어제도달라

믿을수있는건오늘
항상오늘이내게와

촛불가득한케익이

눈으로들어와빛나

사람을만나고싶어
사랑을말해줄네게

십년은버텨줄테다

오늘내생일인거야

Catsmika

2023년 06월 16일 00시

항상언제나늘

어제는지나갔지만
너의목소리에잠겨
오늘은너무힘들다
내가걱정해야하는
내일은어떠할런지
항상오늘의오늘이
오늘로변해가는걸

Catsmika

2023년 07월 16일 15시

무뎌진김에만나자

걱정없어이젠아무래도
변해야겠는걸알았나봐
오래전일이라는기억이
날삼키는것도모르고널
무작정기다렸더니이런
잣같은날이온걸느꼈네
어쩐다지너무창피한걸
말해줘야겠는걸어딨어
알수있는거리에서만나
머리는뽀글거릴거라서
금방알아볼수있을거야

Catsmika

2023년 07월 27일 23시

코카콜라체스트쿨러

녹았다전부통에넣어둔게
없어진건아닌데달라졌어

네가떠나며날준감정이라
코카콜라저그속에담았던
싸늘하게식다못해얼어서
나름대로생각해서그랬지

입안에넣고굴리던구슬은
김이모락모락올라온뒤엔
끈적인혀만큼달콤해졌어

시간을돌려섞어버린감정

맛은볼수있을까걱정이네
남지않게모두말라버리면

요즘날씨너무더운것같아

다시뜨거워져서좋은건가

Catsmika

2023년 08월 03일 19시

둠칫둠칫

엉덩이를보여줘살짝쿵
만져보고싶은걸참았어
어깨를들썩일때알았다
눈마주친이곳에서어서
너도마찬가지라는것을
숨넘어가게둘줄알았냐
가슴끝까지당겨붙붙여
살짝살짝도망가듯숨고
두가지는줘야할거야넌
잡히면손가락걸고약속

Catsmika

2023년 08월 08일 22시

만나기시작한애

너였어나도몰랐지만

나쁜건지착한건지를

누구와누구를비교해

알수있을거란희망은

끝나기전까지비밀속

보여준마음은어쩔까

Catsmika

2023년 08월 21일 22시

후쿠시마

너에게갈준비가다끝난거였어
지금달이엄청크게다가오는걸
바다가작아졌을때가라했던걸
기억한다면알겠지지금이란걸
달라졌어많이그때와많은것이
파도가크게널때리고갔던그날
참을수없는화를내터져버렸지
내가다망친거야알아인정할께
감출수없는눈물을내게주려해
많이도담아놨다무서우리만큼
내가먼저갔어야했지만너는참
뭐가그리급한지돌아서오는데
삼년에한번은꼭안아줄거란말
지키지않았으면좋겠다지금난
미안하다는핑계로네게가려해

Catsmika

2023년 09월 01일 19시

보고있으면

아무말도못할것같아
마음속으론너무많은
질문과대답을하느라
지쳐있는입술은알아
들키지않으려조심히

Catsmika

2023년 09월 01일 19시

아드님생신

열두번째날중늘혼자였던
일곱번의날들은버려주라
지켜주지못해서미안한날

알고있어더슬퍼하는아이
지나갔다고지워지지않아
모두즐거운것만은아니지

많이자라서지켜주겠단말
아직기억하고있다면품어
가슴이커서마음이되면돼

Catsmika

2023년 09월 02일 18시

여인아

등돌려이야기할거면
많은것을감추지마라
어떤이야기도네게서
멀리도망가지못할거
애써그래봐야아픈걸

Catsmika

2023년 09월 02일 18시

누구한테말하니

도망가고도망치고
그때는그냥그랬어
생각날거알았지만
지금은아니라믿고
어떤일이일어날지
흘러가는대로그냥
얼마나한심했는지
지나고나서알았어
두번살것처럼바보
잘한건지모르는게
더큰후회로다가와
어땠을거같아내가
너도마찬가진거야
인생똑바로생각해

Catsmika

2023년 09월 06일 20시

하루종일

간다오늘은그렇게
너에대해생각했어
내일은무얼할건지
아무것도안했는데
할것없던하루가가

아침에만난하늘은
아무것도안주더니
저녁이다되어서야
령넘어가는얼굴을
보여주고끝내려해

없을거라생각했어
상심해바라본하늘
참많이도반짝인다
셀수없는기억들이
알알이박혀빛나는

Catsmika

2023년 09월 09일 23시

오마카세

괭장히설레었어

걱정도많았지만
너를믿고기다려

환영의인사를해

첫번째는눈동자
어떤색일까보고

두번째는손을내
눈을감고느꼈어

세번째는키스로
손잡아안아주고

네번째는마음을
입술로바라본맘

다섯번째는나의

모든걸맡기기로

모두조각내어줘

Catsmika

2023년 09월 10일 12시

참을수없어

넌울어본적이있어

걷다가별을보다가
버스를타고가다가
소리나지않게혼자
그렇게울어본적이

마냥울어도눈물이
마르지않는슬픔에
아픈지모르는심장

눈물마를날이없던
엄마를백만불짜리
심장이라불러주는

너도그런사랑을해

Catsmika

2023년 09월 10일 17시

I

엄마를생각하면
엄마의소중함이느껴진다는
아이를보고있자니

아픔이터져버렸다
참을수없는
슬픔이새어나왔다

참을수없는

Catsmika

2023년 09월 10일 17시

Brb

나눈물마려운거같아
넌
나는잠긴적이없었어
넌
모르는사람이울어줘
몰래숨겨온눈물을봐
나
너에게말을할수있어
진짜진짜행복한지금
내가느꼈던걸까마음

네가향하는곳을알아

너를미워해야할까봐

내가우는게두려운가
서러워서우는게아냐

속마음선택하는거야

우린

잘가너도잘가그말을

Catsmika

2023년 09월 13일 11시

Star&lord

당신에게갈수있는길이있어행복합니다

웃어줄수있는얼굴과바라볼수있는얼굴

당신에게갈수있는시간들이행복합니다

고운얼굴과상냥한말투아름다운기억들

당신에게갈수있는추억들이행복합니다

Catsmika

2023년 09월 23일 07시

무빙10화

당신과나의소설

행복한끝인가요
지울수없어보인
등뒤에빨간점은
날위해새겨놓은
마음같은건가요
사랑한다해놓고
나를그냥놓을까
틀렸다고말해요
당신과나의행복

해피엔딩인가요

Catsmika

2023년 09월 24일 17시

보여줘독백

아픈거같아

내가안보여

널잃었나봐
눈빛이없어

내가안보여

사랑하는데

Catsmika

2023년 09월 26일 20시

감자옹심이

이제조금알거같아

누굴먹이려했는지
나안먹었던거알지

아무맛도없다면서
그런걸왜먹냐했던

감자옹심이시켜서
혼자먹고있는오늘

엄마생각하고앉아
이야기하고있는날
참측은하다생각해

이한그릇이뭐냐면

엄마같은거야나는

오늘만난거야엄마

Catsmika

2023년 10월 04일 16시

청혼협박

내가먼저가볼테니
이제우리함께가요
사랑한다면요우리

숟가락두개있는데
자꾸떨구시라하면

기분어떨거같아요

뒤돌아울지말것을
부탁하는중입니다

Catsmika

2023년 10월 15일 19시

화냥놈

당신을만나기전부터난이미
준비하고있었는지몰라눈물
마음을다주기도전인데벌써

알았을거야당신은처음부터
흐르는눈물을주체하지못해
알아본마음까지감추었던걸

가져본적있었는지궁금한걸
감히만져보지도못하고떨걸
이겨내야할거야웃어줘지금

깊이사모하는건운명이라는
아무래도좋아당신이있는한
그래이렇게라도살수있으니

Catsmika

2023년 10월 21일 09시

잡아올까

길이끝나막혀돌아갈까

아니지아니야거기까지

왜멈추려는거야멈춰아

가는길이더럽게어렵지

선택해라갈건지말건지

머릿속어지러운가을날

끝까지온것같은가을밤

Catsmika

2023년 10월 23일 22시

껌종이의할일

무겁네바라볼수없으니
마음이고개를돌려버려
다가가는게너무어렵다
하늘은너무가까워졌고
바다는걸어들어갈만큼
모든게변해버렸어내겐
한번모든게변했다해서
실망할순없다지만너는
잡아둘수없는새라는걸
날아올라멀리가라지금
사랑할수있을때도망가

Catsmika

2023년 10월 25일 23시

지금

지금 넌숨이콩닥콩닥

난널골릴생각해 지금

지금 난행복해너무나

뭐가두려운걸까 지금

지금 머리카락보일라

수줍게나와내게 지금

지금 우린사랑싸움중

Catsmika

2023년 10월 27일 22시

딸랑이

너
의
이
름
을
부를때
나
는
가
장
행
복
해

Catsmika

2023년 10월 27일 22시

카츠미카

누굴그리는지미카야

매일창문난간에앉아
하염없이바라보는데
령넘어가버린엄마는
놉새바람에오지못해
작은울음소리에깨던
세상다줄것같던하늘
이젠령넘은구름처럼
네눈물만큼멀어졌어

너괜찮은거야이리와

Catsmika

2023년 10월 28일 20시

백년해로너는해봐라

더욱힘차게달려가
갈수록답이없지만
멈출수있는일인지
물어볼땐있는거야
너무이쁜건알지만
모든걸봐줄순없어
아름다운건한순간
시간이잡아먹는걸
언제까지견디려고
너는지금도늙어가
올때까지난거같아

Catsmika

2023년 11월 03일 21시

• 短い栗 •

아트루가열세번의날에남긴짧은밤

겨울의 약속

쌀쌀한 바람이 불어옵니다
정신없이 소나무 아래로 달려갑니다
하염없이 기다리다 서글퍼 돌아갑니다
돌아가다
혹시 하는 마음에 다시 한번 찾아갑니다

●短い栗●

2023년 11월 08일

하루살이

참 바쁜 하루살이들
짝을 찾는 하루살이와
먹이를 찾는 하루살이
그것을 하지 못한 겨우살이와 포기한 하루살이
나는 그중 무엇일까
너는 그중 무엇일까

●短い栗●

2023년 11월 09일

황금기

뭐든 존재는 황금기가 있다
하지만 황금기는 영원하지는 않다
뭐든 성장과 쇠퇴가 있다
그것이 세상의 순례이다
그리고 나는 끝없이 고민한다
지금이 인류사의
황금기인지
그전인지
아니면 쇠락인지
하지만 우린 알 수 없다
사소한 것에서부터
황금기를 맞이할지
쇠락할지 모른다
아니면
먼 훗날 우리가 미개하다며
우릴 욕할 수도 있다
현재만 바라보고 자만하지 말자

●短い栗●

2023년 11월 15일